AF397632

Korset som jag har använt har följande symboler:

Det kristna korset med vertikal bjälke står för andligheten och jordens fäste. Den horisontella bjälken står för gemenskapen med mina bröder och systrar, tillsammans med djuren.

De diagonala bjälkarna står för de fyra elementen jord, vatten, luft och eld.

Teatermaskerna representerar sorg, vemod, glädje och humor.

De bärande famnande händerna symboliserar beröring och handlingskraft.

Förord

Under hela mitt liv har språket och rösten varit ett väsentligt redskap för att uttrycka mig. Att ge känslor, tankar och inre upplevelser en röst har varit en väsentlig del i livet.

Erfarenheten av dramapedagogiken och ett mångårigt arbete inom omsorgen har givit mig den extra krydda min röst behövde. Min inre röst har blivit min yttre röst och ett forum att dela med mig till andra.

När jag nu bestämde mig att sätta mina dikter på pränt kändes det att jag fick visa vem jag var på ett nytt sätt.

Jag hoppas härmed kunna inspirera andra att stanna upp en aning, ta ett djupt andetag och suga på mina ord som en själslig karamell. För jag anser att mänskligheten behöver återerövra detta utrymme av eftertanke i den snabbt snurrande värld vi nu lever i.

Livet är min teaterpjäs och världen är min scen!

Jon Ernholm

Innehållsförteckning   Sida

Sida

Sårbart sinne ryms
där själar möts
Lovad trohet
med bleka läppar begråten

Ur bortvända ryggar
hörs ett eko
böner om försoning

I en dånande tystnad
ett skälvande ljus
ett nästan osynligt löfte
om det JA som du ropar.

***

Stjärneögon speglar blinkande
i den krökta vattenvågens yta
ler, viskar till oss
ur vattendroppars regnbågsskimmer
som faller därifrån

Stjärneögon befuktas av dem
bejakas, omslutes av ögats lock

Så öppnas havets stora rike
för fler och fler
av de som sjunger
vattenvärldens sånger

Så och till människohavets rike
faller skimrande, livspulserande
av kärlekslängtan
droppebarn
att av stjärnespeglande vågarmar
slutas in i vår bejakande gemenskap.

***

Viskar en rytande storm genom min sorg
till mina tårar
Rör mina händer sträckta till vädjan
lyfta i vrede
sänkta i förtvivlan

Vinden i min röst dånar
vrålar, rister min kropp
och viskar genom tårfyllda ögon
VARFÖR

Jag går sökande i själens sorgerum
Ett rum med många dörrar
Jag öppnar dem, den ena efter den andra
Jag möter där lilla ängeln
som så oskuldsfull lyfter sin blick till mig
och bävande förmedlar frågan om försoning
KAN INTE
kan bara med mild vanmakt
slå- eller smeka dörren igen

Tid går med mig.
Så i en av själens salar stiger mig till mötes
inte en liten kerub
utan ett mäktigt änglaväsen
som omsluter mig med vingar i sin famn
Jag lyfter mina ögon in i detta eviga
Gudomliga väsen
och viskar ett genom rymden klingande:
FÖRSONING

***

Nog droppar det runtom

Jordemunnar
öppnar sin mull
dricker liv
i en välkomstkyss

Fukt
blommar ut
till frukt

Nog droppar det runtom
sval är nu din panna
jordemor
du börjar dekorera dig
i den oändligt sköna

tankeklara
kristalleskrud.

***

Sårig vintersömn
brister i mitt minne

Vårskrudad jorddoft
virvlar i min handkupa

Vattendroppar, himlaregn
blandar sig i
längtanstårar

Mungipor skrattar
glada
dina läppar till mötes.

***

Tittelitu
bland tuvgräs
och lingonkräkla
Skumpar på krokvända fotblan
efter dig
du min fru

Vi nävgriper varann
tittar upp mellan blåbärsgrenar
mot månen
som just försvann

Dagen bjuder oss
solkyssta läppar
som vi ger vidare
till varann
Tänk, vad vi kan!

***

Till vänner i en studiecirkel

Ni vänder blad
in mot kunskapsrum

Kunskapsrum
där ramar ramar in
vänder sig ut
lyssnar er fråga

Klanger och droppar
ur tonala etern
når er var och en
med skipat ljus

Så talar ni tillsammans
en palett
med kärleksfullt intresse
förvånar er i glädje
sanningsburen.

***

Du, bortom min längtans
tonklädda rymd
en dräkt så skälvande
med en eterisk ljusklang

som uppstått
och hörd i min hoppfullt
skälvande andedräkt

Bortom, men i mig

Ur min öppna hand
når du mig
med din glädjekärlek
en daggkåpetår
i din hand
speglar vår förening.

***

Skimrande hängen
lyfta mot himmelskupan
ur björkens stam

Svävande fram
ur dunkel granskogsfond

Vårgäck kvillrar glatt
vårvindsburet
omkring
i ditt hår

Nygräset längtar
lekfullt, vänligt
hälsar dina tår
Vårkyssar
då vi alla får.

***

Förväntan
Våren
Då lyssnar jag inåt
som ett steg
vände jag mig om
efter det syntonade
himmelsrosa
Jag behöll den hos mig
den stund som var i den

Kanske var det längtan
född ur ditt rop
som nådde mig viskande
Det var en namnlek
förväntan, längtan
Ja, vad heter jag i mitt sökande
efter dig

Jag blundade
Kastade bort allt
blev naken,
väntande

ett litet vatten
min blodström

steget, det syntonade
inåt, inåt
så föll detta samman

ur detta skimrade
så klart och fint
vårt namn
kärleksgåva.

***

På bleka sidor
svarta tecken står
Köld och dunkel
tankar famnar
strävar efter stjärneljusens klarhet

Tiden vrider jorden

Vårtid fröar sig
till färgrik fantasikaskad
en fontän av gladhet
sjungande skrattsamvaro

Så får tankeskärpa vila
när tankestreckets pensel
målar bladstänk,
danssteg där du rör dig

Sommartagen är du när du
humlar dig omkring i gräset.

***

Sommarviskningar
hörs i mina ögonlock
när jag blinkar dig
in i min hjärtesjäl

Detta medan en
tofsvipesång
brusar genom
kroppen.

***

Till en far som förlorat ett barn

Som en vinge
svept över mina ögon
skuggades min blick

Du var där inte längre

I denna skugga var jag
med en ekande tystnad i min själ

När mina händer
rörde vid vår värld
så talade den inte till mig

Så, ur min tomhets skugga steg du fram
Du gick där vid min sida
kanske tog du fint min hand
Och jag kunde höra från dina läppar
så sant, så sant:

Pappa, du ska inte sörja
Inte vara djupt förtvivlad

Du förstår, allt är väl med mig
och jag går med dig
nu som då
på din väg ibland.

Jag är din älskade dotter, Jenny.

***

14

Bakom min skugga
böjer jag mig ner
Jag vänder mig om
och ser
Dig

En spegling är du i en av
mina tårar
som innan den når sin död
på den torra marken
bärs bort av en slända
När denna slända innan dess liv
är till ända

Ett vattendrag till havet
så min tårspegel där du är
och min längtan
blir famnad av alla droppars hav
och jag dig
när du stiger upp till mig
ur ditt bad
Då blir jag så glad.

***

Som då en gryning
skuggar lite kring mig
det nya gryningsljuset
drar vänligt genom mitt hår

Sorgflor ögonburet är där
när jag lyfter blicken
Därigenom
andas du ett litet kärleksleende
buret till mig
genom alla åren våra

I Gud är alla ett
Så viskar du till mig
Älskade, hör min bön.

* * *

Somligt snurrar runt i mitt tankerum
rotar, krafsar min hjärtevärme
mitt hjärteglöd
till aska

Så slocknar min tanke
jag faller genom min fördunklade
känslas mörker

Kan förtröstans brandsegel
vara min räddning?
Inte – det brast

Jag är nu intet – utslocknad

I intet kan ju också vara något,
en skälvande ljusprick

Kan jag vara där?
Kan det vara ett nytt liv?
Kanske.

***

Hängiven   lustfylld
Varm   glittrande
Vaken   intressant
Omfamnande   hudnära
Nyfiken   sökande
Vibrerande   leende
Mitt hjärta   min kind
Berörd   bejakande
Klarhet   skimrande
Givande   jublande

Ur dina händer i dina ögon
en stråke tonar
symfoni
Din mun
Ur dig kommer allt detta till mig.

***

Ropar de, ropar de så stilla – utom mig
Sinnligt porlar genom mig
vill bli hetta, vill virvla
genom min själ
ta mig med till det varma ljuset
till vännerna
de som minns mig med sina ögon
med sina händer

Ändå – munnarnas språk
har tystnat
Ljuset kastar kalla månen över oss
virveln tar mig in
ner genom tåresjön
Inuti vattnet blänker en längtan
Som en skärva av ljus i mitt dolda öga
skälver frågan:
Är det nära nu?

****

En del vindar för dig hemåt
även de du kan kalla motvindar
Motvinden kan rufsa, vädra ditt hår
Motvinden kan smeka din kind
Motvinden kan friska upp din panna
när den tar i och kommer med regndroppar

Så visst kan motvindar
bistå dina tankar och känslor
när du söker klarhet, insikt
stilla din oro, känna dig själv
föra dig hem
hem till dig själv.

***

Nog rycker det i tråden
som fäster
i min himmelskupa
De rör sig i sin nakna dans
i mina ögon
som vrängda paraplyer i storm
Jag känner hur tungan min
vänder sig inåt, nedåt
i min storknande hals
med de ord, med mitt liv
till er
de ord, liv som jag inte kan bära fram
bara brister

Har jag något som bär
har jag en längtan

När det stillnar
kan jag förnimma
ett bevekande hjärta
som viskar med gudomlig röst:
Tag det till mina bröder, systrar

Det stora nära dig
Låt Gud skapa dig
i förtroende

Snälla, hälsa Kristus
i din bön
med mig.

***

Ur ett skymningsland stirrar vaknande
ett oroligt öga
En andedräkt som ett rosigt skimmer

De händer jag har ser så hjälplöst på mig
du vet, jag har en magkänsla
den är rund, rör sig ner, inåt
den tar mig med
Jag slocknar i dess sugande virvel

Utanför mitt eget medvetande
Utanför mitt förstånd
Utanför min känsla av mening
Utanför – bortom min kärlek
Inuti mitt tåredis
blänker det till som en längtan
längtan som stiger
som en utandad bubbla
från mig, bottensänkt
En sån där bubbla kan skimra

Den gör det, den gör det så gärna
när den kommer närmare ytan
just innan den brister
och blir ett med hela ljushavet

O himmel, nu är jag nära dig
så omslut mig, du kära.

Nog ser du mig
när jag lyfter mina ögon
till dina läppar

Nog hör du mig ropa
när jag viskar ditt namn
i ditt hjärta

Som en blodröd ros
tar min smekande röst gestalt

Du vänder dig inåt
under din hand
kring blomstersjälen
ger mig rosen
en kärleksgåva
Så ser jag dig.

***

En stråle som solar sig
höljer mitt goda hjärta
i en gyllene kappa

Ur det som grönar sig
blir det nyväckta uppenbart

Rötter saftar på
och knuffar livet upp
mot mina ögon, öron
mina fingertoppssinnen

Ta dina fötter
och kom med
i det som väntar livet.

***

Tårar talar
vågar sig från ögonlock
till munnens gipa

Det lilla vattnet är salt
mot tungan

När den för undan droppen
från min gipa
kittlar den fram
ett leende på min mun

Då blir du glad
kysser min panna
och ber mig stanna.

***

Som jag längtar er
mina vänner
ni öar av berättelser

Länkade av vänskap
med ljus av tolerans
ivriga att kunskapa
En spjutspets
mot framtida mänsklighet

Ett täckelse sveptes
då och då, åt sidan

Så där inne, där innerst
där strängar rörs
strängar stämda
stämda i en sanningsdur

Detta är en bit av mänsklighet
där glädje föds
hos våra änglavänner.

* * *

Ett skymningsland
En livstråd, knutar har den
Molnspruckna skyar, lite dis

Den trogna ljusbringande
värmande solen
kastar sina goda strålar till oss
Så blir skymningsland på nytt gryningsland

Då växlar det runt vår jord
Då växlar det med våra ord

De kan skapa skymningsland
De kan lysa upp mina tankar
Glädja, stärka mig med dig
Gå på vatten, sluka eld

Å, gode Gud vad skönt
Vad fint det kan vara för oss.

*** ***

Surpuppa, pippa länge
liggande längs marken

Vad tänktes?

Det gjorde det inte
Kändes mera
som en flugas små fötter?

DUMMER!

Som en vinge då
med fjädrar på
så där mjukt, lent
och SKRATTIGT

Har du minnen?
mmm minsann
kroppsminnen som smyger runt
ler och myser i mina gömmen
älskade, nog vet du.

***

Du, som finns runtom mig
Som vaknar inom mig
som visshet till mig
Som bjöd mig en regnbågsurna
Som lovade mig, min ängel, sällskap

Som jag reste, färdades till
Buren av en änglakunskaps andedräkt

Så hölls en vinge oss omkring
Så olika, så sant och sårbart

Den ömhet, saktmod, kärlek
som jag mötte
var med oss
på vår hemliga resa
kunde jag nog vara, växa, vilja med

Det jag mötte i morse
som var av en annan sort
kändes forcerat, pålyst

Det kan nog inte vara
mitt huvud och mitt hjärta
till en läkning och styrka.

***

Solskärmar skuggar mig
Jag ropar in i dem
Mitt minne med dig
har vitnat, skyggar gör jag
Min hand trevar efter
men lossnar sitt fäste

Vilse i vindlingar
där hjärnan skulle leda

Jag skälver

Mitt hopp om återkomst
balanserar på slaknad lina
En jordmån, en förtröstan
där vattnar mina tårar
Jag viskar ett rop till dig

Kan vi, älskade,
ännu en gång?

***

Ur himmelens dofter
lånar min kärlek
från den palett
som skapar regnbågens mysterium
som solkaskader
bryter sig igenom
den gråtande himmelens tårar

Inte tårar av fruktan, övergivenhet
Inte tårar ur vrede, besvikelse
Utan tårar ur en löst smärta,
en kramp som lämnat mig

När jag var förvissad:
mitt öde är beseglat
bara levande död kommer jag att vandra

Hur kan kärlek vändas
ur sig in i kramp och hat?

Då sa du de där orden
Du la som en diamant
ett oändligt förtroende i min hand
Jag såg på din gåva i min hand
Grät kärleksmättade försoningstårar

Älskad hemkomst.

***

31

Där en skymning leker mellan öar
Vattnet rör sig silvrigt
underljust
Som ett ögas önskan
född ur längtan
till det dolda i min själ
vänder sig i djupet
befriad i vår solkyss
där fader, moder, syskon
ljus och mörker möts

En liten vind rullar genom mig
och lyfter ditt öga
till den nya dagens möjlighet

Käraste, jag skälver ur ett djup
där inga vattenringar rör sig.

***

Ler du mot den rymd
där jag lever
skälver mitt hjärta
anar sin ängel
som nynnar ett rekviem

Bortom finner du mig
O, gode Gud

Hur ska världen
vävas samman?

Jag ser den
sprucken
övergiven.

***

En liten röd boll
Din värld däri
Den har allt
ur din skapande fantasi

En rullande sång
rymmer den

visar vägen
till en norna

som berättar din framtid
rullar ut ditt öde
under dina fötter

Tag med bollen
när du går till sängs
och är trötter.

***

Du berör min gångart
Om livet gått tveksamt
med mig

Om frågor
vävda i gåtor
velat spreta benen åt olika håll

När tveksamhetens aftonskugga
fått mig att stanna upp

Så banalt det kunde vara

För trånga skor
plågade min livsväg

Till mitt möte hos dig
kastade jag skorna
och sprang
med glädje under fötterna
en sång framför mig
kysste våra läppar.

***

Drakarna i våra liv – var ser vi dem?

Ser vi dem i oförrätter som vi utsätts för?

Ser vi dem i våra ekonomiska bekymmer?

Ser vi dem i tidsbristen som förföljer oss?
Ja, säkert där och fler därtill

Äktenskap – relationsdraken,
den kan vara en riktig djävul
som klänger sig fast på vår axel
och viskar eller vrålar i vårt öra
vi förblindas av vanmakt, rädsla och egoism

Så har vi våra inre drakar
de som är svårast av alla
att avslöja och övervinna

Så jag ber mina änglar
o, gode Gud
Hjälp mig att med kärlekskrafter
Skapa nya möjligheter
Amen.

***

Sitter i bastun
Får en insikt om tillvaron på andra sidan
Den är inte, utan blir, så som här

Du får den partner, den relation,
den verklighet du skapar där
ännu mer än här

Där är inte tid eller annat givet
Din tanke, din intention,
din kärlekskraft är med
i vad du skapar för verklighet
OBEGRÄNSAT

Där är det verkligen obegränsat
Allt står helt till ditt förfogande
för ditt lärande, din utveckling
din förberedelse för kommande uppgifter,
kommande inkarnationer

Kära, låt oss göra detta i gemenskap
med samklang, förenad kraft och kärlek
För Guds skull och människornas

Vi har fått ett tillfälle att verka ur kärlek
för evigt
alltså NU!

***

Förälskad föll jag för ett löv
som vinkade en höstmorgon
i min hand
Det lämnade en droppe
från nattens dagg, i den

I dess kupa blickade ett ögonblick
ditt leende emot mig
Så blev kupan en fuktig kyss
på mina läppar

Och jag gick med dig till vinden
som sjöng vår sång
genom trädens kronor.

***

Två stränder, två vatten möts
i en bränning
mitt emellan den strand
som jag lämnar
och den jag är på väg till

En eld, två lågor
En bränner mig
En värmer mig
jag vet inte vilken

Den mull som jag kommer ur
binder mig med löften
Men de infrias inte

I dig moder jord, ur ditt sköte
reser sig vinden
som bär dina löften
förbundna med mina önskningar
till dig
O, kärlek.

***

Sökte efter sällskap – gjorde han
vårt universums skapare
I omvärlden fann han det INTE
Där var kargt
Där kastade ekot en tystnad
Så var kommer denna upprymda längtan
efter ett du ifrån?

Var det inte från mitt hjärtas pulserande rytm
min själs vindskapande sång
dessa vibrationer, min kärlek till skapande
fantasi
min kärleksburna skapande fantasi
buren av min själs vindar

Den lilla smeksamma vinden
Som formande gestaltade så många väna ting
Den rörde sig i de virvlar
som lämnade ett rum av stillhet
där gräset uppstod

En annan smeksam vind
gestaltade allehanda smått
blad och alla de små krypen

de värnlösa
som söker skydd, de är oändligt många

Starkare vindar som formar sig
kring de blivande träden
den kuperade världen

Orkanvindarna som gestaltade bergen
gröpte haven
förenade sig, gjorde sitt och lämnade
universum till att finnas

Då kände han i sin längtan
så måste det bli
Alla vindarna förenade sig

Och han viskade med en stämma
som detta nya universums vindar lyssnade till:
Jag längtar att hon ska bli till

att hon – människan – ska komma till mig
ur det som blir kallat framtiden

Vi ska se varann, far och mor, våra barn
Vi, barn till vår far och mor
bär ny framtid
till vår längtande Gud.

***

Jag var ensam, jag tog en tur
visste inte vad jag skulle få se där
En ny väg
och kanske kan jag finna
ett annat tillstånd där

O, Gud – plötsligt ser jag dig
Har jag sagt dig
att jag behöver dig
varendaste dag i mitt liv?

Du sprang inte iväg, du ljög inte
du visste att jag bara ville hålla om dig

Nu är du borta för mig
men du visste i tid
för jag hade berättat allt
du var ju menad att vara nära mig
Jag vill att du är här

Så hur ska jag få in dig i mitt liv?

***

När jag såg dig blomma
låg du i min famn

Stjärnljuset tände mina lemmar
åtrå skälvde ur min mun

Små skorpor fanns på min hud
en bröllopsskrud

Mullskrud klär dig, älskade
möter dig, långsamt – evigt
just nu.

***

Sommarrus
fött ur den glädjekälla som är du

För mig porlar du glädje rakt genom mina tårar
som blev fällda
då mitt mindervärde
min värdelöskänsla greppade mig
lämnade mig inte i ro

Inte räckte ens min Gudstro
men du min glädjekälla, min fontän
som kväller ett livets vatten
befuktar min själ
som blir till ett tårblandat jubel

Så upprättad, så levande
jag föds på nytt i din famn
Du ser mig och klingar leende min själ
till ett bejakande JA

Ja till oss – ja till att skapa möjlighet
genom våra kärlekskrafter

Hur kan det vara min älskade?
Var kommer undret ifrån – är det Gud?

Ja, det älskvärt gudomliga hos dig
du älskvärda, vanliga människa
som gör det älskvärda synligt
levande hos mig.

***

Så rundad är den kristall
som blänker emot mig
i dina ögons skimmer

Så fint ger den
en med glädje
genombruten
ro

Rundad i evig tro
i ett kärlekens
nu

som formar din hand
i min.

***

Till ett brudpar

Får jag lämna några blommor...

Den här sången kan verka gammal, vemodig
och sorgsen – det är den också
Men nu har jag tittat in bakom texten
och såg då, att den är inte så Snoddas-aktig
kanske kunde man säga ytlig

Symboler – hänvisningar
Ja om vi ser det så här

Den vita blomman: Jungfrulighet, oskuld
                  besinning, eftertanke

Den röda blomman: Engagemang,
                  hängivenhet, passion
                  mod

Konungagården: Platsen där jaget härskar

Svärdet: Min kamp med mig själv, tar mig dit

Blomman som blommar efter min död:
Död står för den process
där jag övervinner det lägre i min själ
och jag ger min nu
blommande hela människa till dig.

Detta för till några reflektioner/tankar i relation
till ringen, symbol för trohet, kärlekslöfte

Ni har sökt, kämpat, tagit er fram till ringen
Till den ring som ska härska över de andra
De sju dödssynderna
Stöd och hjälp varandra att övervinna dem
Varje dag

Kan ringen göra mig OSYNLIG?

Ja, kanske, om den blir till en äktenskapets boja.
Att vardagstrollen segrar
och ni blir så vanliga för varandra
nästan osynliga

Så gör ovanliga saker med och för varann.
Kanske kan det vara en devis:
Hos oss är det ovanliga det normala

T.ex. ta ibland av ringarna över en dag eller så
Sedan ge dem tillbaka i en liten ceremoni
en måltid med levande ljus

Man kan tänka:
Om jag vore Gandalf
och kunde följa och skydda ringbäraren
Sträva efter att vara den andres Gandalf!

***

Stormfågel, du som ser min sorg
lyft den med dig till en plats
i solskuggad dal
och låt den renas
i ett vatten
som belysts av
regnbågens eld

Tag så mina renade tankar
och låt dem bli en kärlekshymn
att sjungas när vi går till fest.

***

En röst

en röst som tonar i mitt minne

sjunger mig en strof

som öppnar

källors öga

som klarnar mina tankar

bakom skimrande ögonlock

strålande i ljuset av din kärlek.

****

Ur en morgondimma
som från nattens stjärnor
lånat sitt spröda
silverglittrande ljus

Ur en längtan som var svår
som var en sång
som var en gråt
som var ett jubel

På denna färd, ur allt detta
kom jag hem
kom vi till oss
igen

Du har lånat mig din hand
till att forma den strand
som mitt vatten
evigt sköljer.

***

En människa
En medmänniska
Att tala med
Att strida med
Att se och vara med
Att glädjas med
Att lida med
Att längta efter
Eller sakna
Och att älska.

***

Tidigt morgonskymd
vänder aftonsol
min undran
över den vän
som gick mig förlorad
till en tro och stillhet

Änglavinge – duvburen
öppnade mina ögon
till att se
våra kärleksstämda hjärtan
tona en sång
där vi ännu
sjunger tillsammans.

***

Till tal som kan räknas
mognad står i blom
som är förgänglig
återföds

Linjär är ålder som vi räknar
och borterst skönjer vi ett frågetecken

Mognad som vi uppskattar
rundar det linjära till en cirkel
en cirkel av återkomst och trygghet

Visshet vissnar inte
visshet är en kärlekstanke
vari vi föds – kan leva – går igenom döden
till en stor gemenskap

där vi på nytt – i kärlekens tecken
rör oss emot nya möten

Så lev väl dina år som kommer
blunda en stund
När sen dina ögon öppnas
i en blomstersurrad körsbärstid
står vi människor som du söker
där bredvid.

***

Morgonstjärnor

Till droppspeglad
aftonstjärnas
drömmar

ur vingslagens
luftsmekta
tonande sånger

berättas mig ödesväg
som vandrar dig
till min famnande
kärlek.

***

Rosenkrönt stilla blommande
skystänkt, rosatonad himmel

en port som mitt öga vänder
in igenom
fångar din gestalt
drömmer din själ till min

vetande om vår kärlek
smälter genom hjärtat
som ett blod
sjunget ur en ängels strupe

Med den tonen i sin hand
ger Gud ett löfte
ett löfte om sin trohet
som återvänder
genom vår

Du mötte mig i min ängels öga
ett förbund blev förnyat
i ett nu
genomspunnet
av evighetens tråd

En skyttel vars väv blir oss en evig dräkt
att bäras av vårt sanna jag

Så ropar kärleken från vår mun
och lägger sig till ro
med vår framtid.

***

Tornsvala – rymdfarare – vinddrottning
vingkysst av luftandar
du, fågel
frände med duvan
vår vitskimrande fredsbärare

Du, svala
som i din snabba mästarflykt
med dina vingspetsar
kysser vattnets element

Luftandar – vattenandar
hör till din värld

Till den fogar du
med ditt duvosläktskap
fredsfamnad kärlek.

***

Luft, vatten, eld

Luft – lätthet
Vatten – skapande liv
Eld – passion, föränderlighet

Duvans fredskärlek
en tålmodig, saktmodig
varaktig kärlek

Den kärleken gav du mig, ger du mig
Den vill jag nu och alltid
ge dig åter

Min älskade, jag bär dig
inom mig
mot vår framtid
och kysser din glädje.

***

Vindstilla drömmar
lever långsamt
vid ett dimhöljt vatten

Tårpilen lyfter mina ögon till örnens
tankeflyktiga vingslag

berör då mitt hjärtas längtan
till din hand i min

Din hand i min kupar runt vår värld
av kärlek.

****

Efterord

Jag vill rikta ett varmt tack till mina kära, som bidragit med sina kunskaper så att jag kunnat förverkliga min första lilla vackra bok.

Min son Albin Ernholm som har skapat bilden på framsidan av boken.

Min hustru och livskamrat Elle-Kari för hennes noggranna korrekturläsning.

Och sist men inte minst Frida Sköld, en kär vän och inspiratör som har ansvarat för bokens sättning och layout. Utan hennes entusiasm och assistans skulle det inte blivit någon bok.

Tack, kära!

Jon Ernholm